Pierre Levet imprimait en 1485.

Vituli (Carolus Mancken), Epistolarum compo[...]
puerorum ingeniis accommodatissim[...] Parisiis [...]
in-4° goth. (Cat. Debure 1re part. n° 2749, 1293.)

je 243

Y 4405 (2398)
B

Maistre pierre pathelin

Maistre pierre commence

Saincte marie, guillemette
Pour quelque paine que ie mette
A cabasser na ramasser
nous ne pouons rien amasser
or viz ie que iauocassoye

                    Guillemette.
Par nostre dame ie y pensoye
dont on chante en aduocassaige
mais on ne vous tient pas si saige
des quattre pars comme on souloit
ie dis que chascun vous vouloit
auoir, pour gangner sa querelle
maintenant chascun vous appelle
par tout, aduocat dessoubz lorme
                    Pathelin
Encor ne le dis ie pas pour me
vanter, mais na au territoire
ou nous tenon nostre auditoire
homme plus saige fort le maire
                    Guillemette
Aussi a il seu le grimaire
et apuns a clerc longue picce
                    Pathelin
A qui beez vous que ne despesche
sa cause, se ie my veuil mettre
et si na prins oncques a lettre
que vng peu, mais ie me ose vanter
Que ie scay aussi bien chanter
ou liure auec nostre prestre
que se ieusses este a maistre
autant que charles en espaigne
                    Guillemette
Que nous vault cecy pas empaigne
nous mourrons de fine famine

noz robbes sont plus questamine
reses.et ne pouons scauoir
comment nous en peussons auoir
et que nous vault vostre science
          Pathelin
Taises vous.par ma conscience
se ie vueil mon sens esprouuer
ie sauray bien ou en trouuer
des robbes et des chapperons
se dieu plaist nous eschaperons
et serons remis sus en seure
dea en peu deure dieu labeure
sil conuient que ie maplique
a bouter auant ma practique
on ne scaura trouuer mon per
          Guillemette
Par sainct iaques non detromper
vous en estes vng fin droit maistre
          Pathelin
Par celuy dieu qui me fist naistre
mais de droicte aduocasserie
          Guillemette
Par ma foy mais de tromperie
combien vraiement ie men aduise
quant a vray dire sans clergise
et sans sens naturel vous estes
tenu lune des saiges testes
qui soit en toute la paroisse
          Pathelin
                              a.iii.

Il nya nul qui se congnoise
si hault en avocation
    Guillemette
Maist dieu mais en trompation
aumains en aues vous le los
    Pathelin
Si ont ceulx qui de camelos
sont vestus et de camocas
qui dient qui sont avocas
mais pourtant ne le sont ilz mye
laissons en paix ceste bauerie
ie vueil aler ala foire
    Guillemette
A la foire
    Pathelin
Par saint iehan voira
ala foire gentil marchande
vous desplaist il se ie marchande
du drap ou quelque aultre suffrage
qui soit bon pour nostre mesnage
nous nauons robbe qui rien vaille
    Guillemette
Vous naues ne denier ne maille
qui feres vous
    Pathelin
Vous ne scaues
belle dame se vous naues
du drap pour nous deux largement
si me desmentes hardiement

quel couleur vous semble plus belle
dung gris vert dung drap de brunette
ou daultre il le me fault scauoir
    Guillemette
Tel que vous le poures auoir
qui emprunte ne choisist mie
    Pathelin en cõtant sur ses dois.
Pour vous deux aulnes et demie
et moy trois voire bien quattre
Ce sont:ne sont mie
    Guillemette
Vous comptes sans rabatre
qui deable les vous prestera
    Pathelin
Que vous en chault qui se fera
on les me prestera vrayement
a rendre au iour du iugement
car plus tost ne sera ce point
    Guillemette
Auant mon amy en ce point
qui que soit en sera couuert
    Pathelin
Ja cheteray ou gris ou vert
et pour vng blanchet guillemette
me fault iiii. quartiers de brunette
ou vne aulne
    Guillemette
Se maist dieu voire
ales nombliés pas a boire

      a.iiii.

se vous trouues martin garant
    Pathelin
Gardes tout
    Guillemette
He dieu quel marchant
pleust or a dieu quil ny vist goute
    Pathelin
Nest ce pas y la ien fais doubte
et si est par saincte marie
il se mesle de drapperie
dieu y soit
    Guillaume ioceaulme drappier
Et dieu vous doint ioye
    Pathelin
Or ainsi maist dieu que iauoye
de vous veoir grant volente
comment se porte la sante
estes vous sain et dru guillaume
    Le drappier
Ouy par dieu
    Pathelin
Sa ceste paulme
comment vous va
    Le drappier
Et bien vraiement
a voftre bon commandement
et vous
    Pathelin
Par sainct pierre lapostre

comme celuy qui est tout vostre
ainsi vous esbates
    Le drappier
Et voyre
mais marchans se deues vous croire
ne font pas tousiours aleur guise
    Pathelin
Comment se porte marchandise
sen peult on ne seigner ne paistre
    Le drappier
Et se maist dieu mon doulx maistre
ie ne scay tousiours hay auant
    Pathelin
Ha questoit ung homme scauant
ie requier dieu quil en ait lame
de vostre pere doulce dame
il mest aduis tout clerement
que cest il de vous proprement
questoit ce ung bon marchant et sage
vous luy resembles de visage
par dieu comme droitte painture
se dieu eust oncq de creature
mercy dieu vray pardon luy face
a lame
    Le drappier
Amen par sa grace
et de nous quant il luy plaira
    Pathelin
Par ma foy il me desclera

mainte fois et bien largement
le temps quon voit presentement
moult de fois men est souuenu
et puis lors il estoit tenu
vng des bons

    Le drappier
Seez vous beau sire
il est bien temps de le vous dire
mais ie suis ainsi gracieux
    Pathelin
Je suis bien par le corps precieux
il auoit

    Le drappier
Vrayement vous vous serres
    Pathelin
Voulentiers ha que vous verres
quil me dist de grans merueilles
ainsi maist dieu que des oreilles
du nez, de la bouche des yeulx
oncq enfant ne resembla mieulx
A pere, que menton forche
Vrayement cestes vous tout poche
et qui diroit a vostre mere
que ne feussies filz vostre pere
il auroit grant fain de tancer
sans faulte ie ne puis penser
comment nature en ses ouurages
forma deux si pareilz visaiges
et lung comme lautre tachie

car quoy.qui vous auroit crachie
tous deux encontre la paroy
dune maniere et dung arroy
si series vous sans difference
or sire la bonne laurence
vostre belle ante mourut elle
     Le drappier
Nenny dea
    Pathelin
Que la vis ie belle
et grande et droite et gracieuse
par la mere dieu precieuse
vous luy resembles de corsaige
côme qui vous eust fait de naige
en ce païs na se me semble
lignage qui mieulx se resemble
tant plus vous voy dieu par le pere
veez vous la. veez vostre pere
vous luy resembles mieux que goute
deaue.ie nen fais nulle doubte
quel vaillant bachelier cestoit
le bon preudomme.et si prestoit
ses denrees a qui les vouloit
Dieu luy pardoint il me souloit
tousiours de si bon cueur rire
pleust a iesuchrist que le pire
de ce monde luy resemblast
on ne tollist pas ne nemblast
lung a lautre comme len fait

que ce drap icy est bien fait
quest il souef doulx et traictis
   Le drappier
Je lay fait faire tout faictis
ainsi des laines de mes bestes
   Pathelin
Enhen quel mesnager vous estes
vous nen ystries pas de lorine
du pere. Vostre corps ne fine
tousiours de besoingner
   Le drappier
Que voules vous il fault songner
qui veult viure et sonstenir paine
   Pathelin
Cestuy cy est il taint en laine
il est fort comme vng cordoen
   Le drappier
Cest vng tresbon drap de roen
Je vous prometz et bien drappe
   Pathelin
Or vrayement ien suys atrappe
car ie nauoye intencion
dauoir drap par la passion
de nostre seigneur quant ie vins
iauoye mis apart quatre vings
escus, pour retraire vne rente
mais vous en aures vingt ou trente
ie le voy bien: car la couleur
men plaist trestant que cest douleur

####### Le drappier
Escu boire ce pourroit il faire
que ceulx donc vous deues retraire
ceste rente prinsent monnoye
####### Pathelin
Et ouy bien se ie voulope
tout men est ung en paiement
quel drap est cecy vraiement
tant plus le voy et plus massote
il men fault auoir vne cotte
brief et a ma femme de mesme
####### Le drappier
Certes drap est cher comme cresme
vous en aures se vous voules
dix ou vingt frans y sont coules
Si tost
####### Pathelin
Ne me chault couste et baille
encor ay ie denier et maille
quoncques ne virent pere ne mere
####### Le drappier
Dieu en soit loue par saint pere
il ne men desplairoit en piece
####### Pathelin
Bref ie suis gros de ceste piece
il men conuient auoir
####### Le drappier
Or bien
il conuient auiser combien

Vous en voules premierement
tout est a voftre commandement
quanque il en a en la pille
et neuffies vous ne croix ne pille
    Pathelin
Je le scay bien voftre mercy
    Le drappier
Voules vous de ce pers cler cy
    Pathelin
Auant combien me couftera
la premiere aulne, dieu fera
paye des premiers ceft raifon
Vecy vng denier ne faifon
rien qui foit ou dieu ne fe nomme
    Le drappier
Par dieu vous dittes que bon hōme
et men aues bien refiouy
Voules vous a vng mot
    Pathelin
Ouy
    Le drappier
Chafcune aulne vous couftera
vingt et quattre folz
    Pathelin
Non fera
vingt et quattre folz saincte dame
    Le drappier
Il le ma coufte par ceft ame
tant men fault se vous laues

Pathelin

Dea cest trop

Le drappier

Ha vous ne scaues
comment le drap est encheri
trestout le bestail est peri
cest puer par la grant froidure

####### Pathelin
Vingt solz vingtz solz
####### Le drappier
Et ie vous iure
Que ien auray ce que ie dy
or attendes a samedi
vous verres que vault la toison
dont il solloit estre foison
me cousta ala magdalaine
huit blans par mon serment de laine
que ie souloye auoir pour quattre
####### Pathelin
Par le sanc bieu sans plus debatre
puis quainsi va donc ie marchande
sus aulnes
####### Le drappier
Et ie vous demande
combien vous en fault il auoir
####### Pathelin
Il est bien aise a sauoir
quel le a il
####### Le drappier
De brucelle
####### Pathelin
Trois aulnes pour moy, et pour elle
elle est haulte, deux et demye
ce sont six aulnes ne sont mie
Et non sont que ie suis beciaune
####### Le drappier

Il ne sen fault que demie aulne
pour faire les six iustement
         Pathelin
Jen prendray six tout rondement
aussi me fault il chapperon
         Le drappier
Prenes la nous les aulneron
si sont elles cy sans rabatre
empieu et deux et trois et quattre
et cincq et six
         Pathelin
Dentre sainct pierre
tic a tic
         Le drappier
Aulneray ie ariere
         Pathelin
Nenny de par une longaine
il ya ou plus perte ou plus gaigne
en la marchandise combien
monte tout
         Le drappier
nous le scauron bien
a vingt et quattre solz chascune
les six neuf frans
         Pathelin
Hen cest pour une
ce sont huit escus
         Le drappier
Maist dieu voire

Pathelin
Or sire. les voules vous croire
iusques a ia quant vous vendres
non pas croire: vous les prendries
a mon huis en or ou monnoye
Le drappier
Nostre dame ie me tordroye
de beau coup a aler parla
Pathelin
Hee. Vostre bouche ne parla
de puis par monseigneur saint gille
quelle ne disoit pas euangille
cest tresbien dit vous vous tordries
cest cela. vous ne vouldries
iamais trouuer nulle achoison
de venir boire en ma maison
or y butes vous ceste fois
Le drappier
Et par saint iaques ie ne fais
gueres aultre chose que boire
ie iray mais il fait mal dacroire
ce scaues vous bien a lestraine
Pathelin
Souffist il se ie vous estraine
descus dor non pas de monnoye
et si mengeres de mon oye
par dieu que ma femme rotist
Le drappier
Vraiement cest homme ma sotist

ales deuant sus ie pray doncques
et le porteray
    Pathelin
Rien quiconques
que me greuera il pas maille
soubz mon esselle
    Le drappier
Ne vous chaille
Il vault mieulx pour le plus honeste
que ie le porte
    Pathelin
Male feste
men voise la saincte magdalene
se vous en prenes ia la paine
cest tresbien dit dessoulz lesselle
cecy my fera vne belle
bosse. Ha cest tresbien ale
Il y aura et beu et galle
chies moy ains que vous en alles
    Le drappier
Je vous pri que vous me bailles
mon argent des que ie y seray
    Pathelin.
feray et par dieu non feray
que nayez prins vostre repas
tresbien, et si ne vouldroie pas
auoir sur moy de quoy paier.
au mains viendres essaier
quel vin ie boy: vostre feu pere

          b.ii.

en passant huchoit bien compere
ou que dis tu ou que fais tu
mais vous ne prises ung festu
entre vous riches les poures hõmes
    Le drappier
Et par le sanc bieu nous sommes
plus poures
    Pathelin
Quay a dieu a dieu
tendes vous tantost au dit lieu
et nous beuron bien ie men vant
    Le drappier
Si feray ie ales deuant
Et que iaye or
    Pathelin
Or et quoy doncques
or deable ie ny failly oncques
non or quil peult estre perdu
en dea il ne ma pas vend x
a mon mot ce a este au sien
mais il sera paie au mien
il luy fault or on le luy fourre
pleust a dieu quil ne fist que courre
sans cesser iusqua fin de paye
sainct iehan il feroit plus de voye
quil nya iusque a pampelune
    Le drappier
Ilz ne verront soleil ne lune
les escus quil me baillera

de lay:qui ne les memblera
or nest il si fort entendeur
qui ne treuue plus fort vendeur
ce trompeur la est bien bejaune
quãt pour vingt quattre solz laune
a prins drap qui nen vault pas vingt
                    Pathelin
En ay ie
                    Guillemette
De quoy
                    Pathelin
Que deuint vostre vielle coste hardie
                    Guillemette
Il est grant besoing quon le die
quen voules vous faire
                    Pathelin
Rien rien
en ay ie: ie le disoie bien
est il ce drap cy
                    Guillemette
Saincte dame
or par le peril de mon ame
il vient daucune couuerture
dieux. dont nous vient ceste auenture
helas helas qui le payera
                    Pathelin
Demandes vous qui ce fera
Par saint iehan il est ia paye
Le marchant nest pas deuoye
                                    b.iii.

Belle seur qui le ma vendu
Par my le col soye ie pendu
sil nest blāc comme vng sac de plastre
Le meschant villain challemastre
En est saint sur le cul
    Guillemette
Combien
couste il doncques
    Pathelin
Ie nen doy rien
il est paye ne vous en chaille
    Guillemette
Vous nauies denier ne maille
il est paye en quel monnoye
    Pathelin
Et par le sanc bieu si auoye
dame iauoye vng parisi
    Guillemette
Cest bien ale le beau nisi
ou vng breuet y ont ouure
ainsi laues vous recouure
et quant le terme passera
on viendra on nous gaigera
quancque auons nous sera oste
    Pathelin
Par le sanc bieu il na couste
que vng denier quant quil en ya
    Guillemette
Benedicite maria

que ung denier: il ne se peult faire
    Pathelin
Je vous donne ceste peil atraire
sil en a plus eu ne naura
ia si bien chanter ne scaura
    Guillemette
Et qui est il
    Pathelin
Cest ung guillaume
qui a seurnon de ioceaulme
puis que vous le voules scauoir
    Guillemette
Mais la maniere de lauoir
pour ung denier, et a quel ieu
    Pathelin.
Ce fut pour le denier adieu
et encore se ieusse dit
la main sur le pot par ce dit
mon denier me fust demeure
au fort est ce bien laboure
dieu et luy partiront ensemble
ce denier la se bon leur semble
car cest tout quant quilz en auront
ia si bien chanter ne sauront
ne pour crier ne pour brester
    Guillemette
Comment lail voulu prester
luy qui est ung homs si rebelle
    Pathelin

      b.iiii.

Par saincte marie sa belle
ie lay arme et blasonne
si quil le ma pres que donne
ie luy disoie que son feu pere
fut si vaillant ha faiz ie frere
questes vous de bon parentage
vous estes fais ie du lignage
dicy entour plus alouer
mais ie puisse dieu auouer
sil nest atrait dune peautraille
la plus rebelle villenaille
qui soit se croy ie en ce royaulme
ha fais ie mon amy guillaume
que resembles vous bien de chiere
et du tout a vostre bon pere
dieu soit comment ie schaffauldoye
et a la fois ientrelardoie
en parlant de sa drapperie
et puis fais ie saincte marie
comment prestoit il doulcement
ses denrees si humblement
Lestes vous fais ie tout crachie
touteffois on eust arrachie
les dens du villain marsouyn
son feu pere et du babouyn
le filz: auant quil emprestassent
cecy. ne que vng beau mot parlassent
mais au fort ay ie tant brette
et parle quil men a preste

six aulnes
####### Guillemette
Voire a iamais rendre
######## Pathelin
Ainsi le deues vous entendre
Rendre, on luy rendra le deable
####### Guillemette
Il mest souuenu de la fable
du corbeau qui estoit assis
sur vne croix de cincq a six
toises de hault, le quel tenoit
vng formage au bec: la venoit
vng renart qui vit le formage
pensa a luy comment lauray ie
lors se mist de soubz le corbeau
ha fist il tant as le corps beau
et ton chant plain de melodie
Le corbeau par sa cornardie
en oyant son chant ainsi vanter
si ouurit le bec pour chanter
et son formage chet a terre
et maistre renart le vous serre
a bonnes dens et si lemporte
ainsi est il ie men fais forte
de ce drap vous laues happe
par blasonner et atrappe
en luy vsant de beau langaige
comme fist renart du formage
vous len aues prins par la moe

Pathelin
Il doit venir menger de loe
mais secy quil nous fauldra faire
ie suis certain quil viendra braire
pour auoir argent promptement
iay pense bon appointement
il conuient que ie me couche
comme malade sur ma couche
et quant il viendra vous dires
ha parles bas/et gemires
en faisant vne chere fade
las feres vous il est malade
passe deux mois ou six sepmaines
Et si vous dit ce sont trudaines
il vient dauec moy tout venant
helas cenest pas maintenant
feres vous quil fault rigoller
et le me laisses flageoller
car il nen aura autre chose
Guillemette
Par lame qui en moy repose
ie feray tresbien la maniere
mais se vous rencheez ariere
que iustice vous en repreigne
ie me doubte quil ne vous preigne
pis la moitie qua lautre fois
Pathelin
Or paix ie soy bien que ie fais
il fault faire ainsi que ie dy
Guillemette

Souuiengne vous du samedi
pour dieu quon vous pilloria
vous scaues que chascun cria
sur vous pour vostre tromperie
    Pathelin
Or laissies celle bauerie
il viendra nous ne gardons leure
il fault que ce drap nous demeure
Je men vois coucher
    Guillemette
Alles doncques
    Pathelin
Or ne ries point
    Guillemette
Rien quiconques
mais pleureray a chaudes lermes
    Pathelin
Il nous fault estre tous deux fermes
affin quil ne sen appercoiue
    Le drappier
Je croy quil est temps que ie boiue
pour men aler.he non feray
ie doy boire et si mengeray
de loe par saint mathelin
chies maistre pierre pathelin
et la receucray ie pecune
ie happeray la vne prune
a tout le moins sans rien despendre
ie y vois ie ne puis plus rien vendre
Hau maistre pierre

Guillemette

Helas sire
pour dieu se vous voules rien dire
parles plus bas

Le drappier
Dieu vous gart dame

Guillemette
Ho, plus bas

Le drappier
Et quoy
Guillemette
Bon gre mame
Le drappier
Ou est il
Guillemette
Las ou doit il estre
Le drappier
Le qui
Guillemette
Ha cest mal dit mon maistre
ou il est: dieu par sa grace
le sache. il garde la place
ou il est le poure martir
Unze sepmaines sans partir
Le drappier
De qui
Guillemette
Pardonnes moy ie nose
parler hault ie croy quil repose
Il est ung petit a plomme
helas il est sy assomme
le poure homme
Le drappier
Qui
Guillemette
Maistre pierre
Le drappier
Ouay. nest il pas venu querre

six aulnes de drap maintenant
    Guillemette
Qui luy
    Le drappier
Il en vient tout venant
na pas la maitie dun quart de heure
deliures moy dea ie demeure
beaucoup:sa sans plus flageoler
mon argent
    Guillemette
Hee sans rigoler
Il nest pas temps que len rigole
    Le drappier
Sa mon argent estes vous folle
Il me fault neuf frans
    Guillemette
Ha guillaume
il ne fault point couurir de chaume
icy ne bailler ses brocars
ales iorner a voz cocars
a qui vous vouldries iouer
    Le drappier
Je puisse dieu desauouer
se ie nap neuf frans
    Guillemette
Helas sire
chescun na pas si fain de rire
comme vous ne de flagorner
    Le drappier

Dictes ie vous prie sans sorner
par amour faictes moy venir
maistre pierre
    Guillemette
Mesauenir
vous puist il:et esse a meshuy
    Le drappier
Nesse pas ceans que ie suy
ches maistre pierre pathelin
    Guillemette
Ouy le mal sainct maturin
sans le mien au cueur vous tienne
parles bas
    Le drappier
Le deable y a vienne
ne loserais ie demander
    Guillemette
A dieu me puisse commander
bas se voules quil ne se sueille
    Le drappier
Quel bas voules vous en loreille
ou au fons du puis ou de la caue
    Guillemette
he dieu que vous aues de baue
au fort cest tousiours vostre guise
    Le drappier
Le deable y soit quant ie mauise
se voules que ie parle bas
dictes sa:quant est de debas

itelz ie ne say point apuins
brap est que maistre pierre a prins
sip aulnes de drap au iour duy
    Guillemette
Et quest ce esse a meshuy
deable y ait part aga que prendre
ha sire que len le puist pendre
Qui ment. il est en tel parti
Le poure homme quil ne parti
du lit ya vnze sepmaines
nous bailliez vous de voz trudaines
maintenant en esse raison
vous viderés de ma maison
par les angoisses dieu moy lasse
    Pathelin
Vous disies que ie parlasse
si bas saincte benoiste dame
vous cries
    Guillemette
Lestes vous par mame
qui ne parles fors que de noise
    Le drappier
Dictes affin que men voise
Bailles moy
    Guillemette
Parles bas feres
    Le drappier
Mais vous mesmes lesueilleres
vous parles plus hault quattre foys

par le sanc dieu que ie ne fais
ie vous requier quon me deliure
    Guillemette
Et quesse cy estes vous yure
ou hors du sens dieu nostre pere
    Le drappier
yure maugre en ait saint pere
vecy vne belle demande
    Guillemette
Helas plus bas
    Le drappier
Je vous demande
pour six aulnes bon gre sainct george
de drap dame
    Guillemette
On le vous forge
et a qui laues vous baille
    Le drappier
A luy mesmes
    Guillemette
Il est bien taille
dauoir drap: helas il ne hobe
il na nul mestier dauoir robe
iamais robe ne vestira
que de blanc ne ne partira
dont il est que les pies deuant
    Le drappier
Cest donc depuis soleil leuant
Car iay a luy parle sans faulte
       c.i.

                    Guillemette
Vous aues la voix si treshaulte
parles plus bas en charite
                    Le drappier
Certes vous par ma verite
vous mesmes en senglante estraine
par le sanc dieu vecy grant peine
qui me paiast ie men alasse
par dieu oncques que ie prestasse
ie nen trouue point aultre chose
                    Pathelin
Guillemette vng peu deau rose
hausses moy serres moy derriere
trut aqui parle ie lesguiere
a boire frottes moy la plante
                    Le drappier
Je los la
                    Guillemette
voire
                    Pathelin
Ha meschante
viens ca. tauois ie fait ouurir
ces fenestres vien moy couurir
oste ces gens noirs marmara
carimari carimara
amenes les moy amenes
                    Guillemette
Quesse comment vous demenes
estes vous hors de vostre sens

Pathelin
Tu ne Vois pas ce que ie sens
Vela ung moine noir qui Vole
prens le Bailles lup Vne estole
au chat au chat comment il monte
Guillemette
Et quessecy na Vous pas honte
Et par dieu cest trop remue
Pathelin
Les phisiciens mont tue
de ces Broulliz quil mont fait Boire
et toutesfois les fault il croire
ilz en euurent comme de cire
Guillemette
helas Venes le Veoir beausire
il est si tresmal pacient
Le drappier
Est il malade a bon essient
puis orains quil Vint de la foire
Guillemette
De la foire
Le drappier
Par saint iehan Voire
ie cuide quil y a este
du drap que ie Vous ay preste
il men fault largent maistre pierre
Pathelin
Ha maistre iehan plus dur que pierre
iay chie deux petites crotes

c ij.

noires rondes comme pelotes
prendray ie vng aultre cristere
    Le drappier
Et que scay ie quen ay ie afaire
neuf frans my fault ou six escus
     Pathelin
Les trois morceaulx noirs et becuz
les mapelles vous pilloueres
ilz mont gaste les machoueres
pour dieu ne men faites plus prendre
maistre iehan ilz ont fait tout rendre
ha il nest chose plus amere
    Le drappier
Non ont par lame de mon pere
mes neuf francs ne sont point rendus
     Guillemette
Par my le col soient pendus
Telz gens qui sont si empeschables
ales vous en de par les deables
puis que de par dieu ne peust estre
    Le drappier
Par celluy dieu qui me fist naistre
iauray mon drap ains que ie fine
ou mes neuf frans
     Pathelin
Et mon orine
vous dit elle point que ie meure
pour dieu quoy quil de meure
que ie ne passe point le pas

Guillemette
Alles vous en et nest ce pas
mal fait de luy tuer la teste
Le drappier
Dame dieu en ait male feste
six aulnes de drap maintenant
dictes est ce chose aduenant
par vostre foy que ie les perde.
Pathelin
Se peussies esclatcir ma merde
maistre iehan elle est si tresdure
que ie ne scay comment ie dure
quant elle yst hors du fondement
Le drappier
Il me fault neuf frans rondement
que bon gre sainct pierre de romme
Guillemette
Helas tant tormentes cest homme
et comment estes vous si rude
vous ves clerement quil cuide
que vous soies phisicien
helas le poure chrestien
a asses de male meschance
Unze sepmaines sans laschance.
a este illec le poure homme
Le drappier
Par le sanc bieu ie ne scay comme
cest accident luy est venu
car il est au iour duy venu

et auons marchande emsemble
a tout le moins comme il me semble
ou ie ne scay que ce peust estre
     Guillemette
Par nostre dame mon douly maistre
vous nestes pas en bonne memoire
sans faulte se me voules croire
vous ires vng peu reposer
moult de gens pourroient gloser
que vous venes pour moy ceans
ales hors, les phisiciens
viendront icy tout en presence
ie ne cure que len y pense
a mal: car ie ny pense point
     Le drappier
Et maugre dieu suis ie en ce point
par la teste dieu ie cuidoye
encor/et naues vous point doye
au feu
     Guillemette
Cest tresbelle demande
Ha sire ce nest pas viande
pour malades: menges vos oes
sans nous venir iouer des moes
par ma foy vous estes trop aise
     Le drappier
Ie vous pri quil ne vous desplaise
car ie cudoye fermement
encor par le sacrement

dieu, dea or ie vois sauoir
ie scay bien que ien doy auoir
six aulnes tout en vne piece
mais ceste femme me depiece
de tous poins mon entendement
Il les a eues vraiement
non a dea il ne se peust iondre
iay veu la mort qui le vient poindre
au mains ou il le contrefait
et si a il les print defaict
et les mist de soubz son esselle
par saincte marie la belle
non a ie ne scay se ie songe
ie nay point aprins que ie donge
mes draps en dormant ne veillant
a nul tant soit mon bien veuillant
ie ne les eusses point a creues
par le sanc bieu il les a eues
par la mort non a ce tiens ie
non a mais a quoy donc en vienge
si a par le sanc nostredame
meschoir puist il de corps et dame
se ie soye qui sauroit a dire
qui a le meilleur ou le pire
deulx ou de moy ie ny voy goute
    Pathelin
S'en est il ale
    Guillemette
Paix iescoute

       c iiii.

ne scay quoy quil va flageolant
il sen va si fort grumelant
quil semble quil doye desuer
    Pathelin
il nest pas temps de me leuer
comme est il arriue apoint
    Guillemette
Je ne scay sil reuiendra point
nenni dea ne bouges encore
nostre fait seroit tout frelore
seil vous trouuoit leue
    Pathelin.
Saint george
quest il venu a bonne forge
luy qui est si tresmescreant
il est en luy trop mieulx seant
que vng crucifix en vng moustier
    Guillemette
En vng tel or villain bruftier
oncqz lart es pois necheut si bien
auoy dea il ne faisoit rien
aux dimenches
    Pathelin
Pour dieu sans rire
se venoit il pourroit trop nuyre
ie men tiens fort quil reuiendra
    Guillemette
par mon serment il sen tiendra
qui vouldra : mais ie ne pourroye

Le drappier
Et par le saint soleil qui raye
ie retourneray qui quen grousse
chies cest aduocat deau doulce
he dieu quel retraieur de rentes
que ses parens ou ses parentes
auroient venduz or par saint pierre
il a mon drap le faulx trompperre
ie luy bailly en ceste place
   Guillemette
Quant me souuient dela grimace
quil faisoit en vous regardant
ie ry il estoit si ardant
de demander
   Pathelin
Or paix riace
ie regnie dieu que ia ne face
sil aduenoit quon vous ouyst
autant vauldroit quon sen fouyst
il est si tres rebarbatif
   Le drappier
Et cest aduocat potatif
a trois lecons et troys pseaulmes
et tient il les gens pour guillaumes
il est par dieu aussi pendable
comme seroit vng blanc prenable
il a mon drap ou ie regnie dieu
et ma il ioue de ce ieu
haula ou estes vous fouye

Guillemette
Par mon serment il ma ouye
il semble quil doye desuer
Pathelin
ie feray semblant de resuer
ales la
Guillemette
Comment vous cries
Le drappier
Bon gre en ait dieu vous ries
sa mon argent
Guillemette
Saincte marie
de quoy cuides vous que ie rie
il nya si dolente en la feste
il sen va oncques telle tempeste
nouystes ne tel frenasie
Il est encor en resuerie
Il reue il chante il satrousse
tant de langages et barbouille
il ne viura pas demie heure
par ceste ame ie ris et pleure
emsemble
Le drappier
Je ne scay quel rire
ne quel plourer: a brief vous dire
il fault que ie soye paye
Guillemette
de quoy? estes vous desuoye

recommences vous voftre verue
             Le drappier
Je ne point aprins quon me serue
de telz motz en mon drap vendant
me voules vous faire entendant
de vecies que ce sont lanternes
             Pathelin
Sus tost la royne des guiternes
a coup quelle me soit aprouchee
ie scay bien quelle est acouchee
de vingt quattre guiterneaux
enfans a labbe diuerneaulx
Il me fault estre son compere
             Guillemette
Helas penses a dieu le pere
Mon amy non pas en guiternes
             Le drappier
He quel bailleur de baluernes
sont ce cy.or tost que ie soye
paye en or ou en monnoye
de mon drap que vous aues prins
             Guillemette
He dea se vous aues mesprins
vne fois ne suffist il mye
             Le drappier
Saues vous quil est belle amye
maift dieu ie ne scay quel mesprendre
mais quoy il conuient rendre ou pendre
quel tort vous faige se ie vien
ceans pour demander le mien

que bon gre saint pierre de romme
     Guillemette
Helas tant tormentes cest homme
ie voy bien a vostre visage
certes que vous nestes pas saige
par ceste pecheresse lasse
se ieusse aide ie vous liasse
vous estes trestout forcene
     Le drappier
Helas ienrage que ie nay
mon argent
     Guillemette
Ha quelle nicete
saignes vous benedicite
faictes le signe de la croix
     Le drappier
Or regnie ie dieu se ia crois
de lannee drap: quel malade
     Pathelin
Mere de diou la coronade
par fye y men boul anar
or renagne biou oustre mar
beintre de diou zendit gigone
castuy carrible et res ne done
ne carrillaine fuy ta none
que de largent il me sone
auez entendu biau cousin
     Guillemette
Il eust vng oncle limosin

qui fut frere de sa belle ante
cest ce qui le fait ie me vante
gergonner en limosinois
    Le drappier
Dea il sen vint en tapinois
atout mon drap soubz son esselle
    Pathelin
Venes ens doulce damiselle
et que veult ceste crapaudaille
ales en ariere merdaille
sa tost ie vueil deuenir prestre
or sa que le deable y puist estre
en chelle vielle presirerie
et fault il que luy prestre rie
quant il deust chanter sa messe
    Guillemette
Helas helas leure sa presse
quil fault son dernier sacrement
    Le drappier
Mais comment parle il proprement
picart:dont vient tel cocardie
    Guillemette
Sa mere fut de picardie
pource le parle il maintenant
    Pathelin
Donc viens tu caresme prenant
vuacarme lief godeman
etlbelic boq iglughe golan
henrien henrien conselapen

pch salgnes nede que maignen
grise grise scohehonden
zilop zilop en mon que bouden
disticlien vnen desen hersen
mat groet festal ou truit denhersen
en huacte viulle comme trie
cha a dringuer ie vous emprie
quoy act semigot pane
et quon my mette vng peu deaue
buste buisse pour le frimas
faictes venir sire thomas
tantost qui me confessera
     Le drappier
Quest cecy il ne cessera
huy de parler diuers langaige
au mains quil me baillast vng gage
ou mon argent ie men allasse
     Guillemette
Par les angoisses dieu moy lasse
vous estes vng bien diuers homme
que voules vous ie ne scay comme
vous estes si fort obstine
     Pathelin
Or cha renouart au tine
be dea que ma couille est pelouse
elle semble vne cate pelouse
ou a vne moque a miel
be parles a moy gabriel
les plees dieu quesse qui sataque

a men cul esse une vaque
une mouque ou ung escasbot
de dea ie le mau saint garbort
suis ie des foureux de bayeux
iehan du quemin sera ioyeux
mais quil saiche que ie le see
bce par saint miquiel ie berce
volentiers alup une fes
    Ledrappier
Comment peust il porter les fes
de tant parler ha il sa folle
    Guillemette
Celup qui la print a lescolle
estoit normant ainsi aduient
quen la fin il luy en souuient
il sen va
    Le drappier
Ha saincte marie
vecy la plus grant resuerie
ou ie fusse oncques mes boute
iamais ne me fusse doubte
quil neust huy este ala foire
    Guillemette
Vous le cuidies
    Le drappier
Sainct iaques voire
mais ia percoys bien le contraire
    Pathelin
Sont il ung asne que iorre braire

alast alast cousin a moy
ilz le seront en grant esmoy
le iour quant ne te verre
il conuient que ie te herre
car tu mas fait grant trichery
ton fait il sont tout trompery
ha oul dandaoul en rauezeie
corsha en euf
     Guillemette
Dieu vout ayst
      Pathelin
Huis oz bez ou dronc nos badou
digaut an tan en hol madon
empedif dich guicebnuan
quez queuient ob dre douch ama
men ez cahet hoz bouzelou
eny obet grande canou
maz rehet cruy dan hol con
So ol oz merueil gant nacon
aluzen archet epysy
har cals amour ha coureisy
       Le drappier
Helas pour dieu entendes y
il sen va comment il guerguille
mais que deable est ce quil barbouille
saincte dame comment il barbote
par le corps dieu il barbelote
ses motz tant quon ny entent rien
il ne parle pas crestien

ne nul langaige qui sapere
    Guillemette
Ce fut la mere de son pere
qui fut attraicte de Bretaigne
il se meurt cecy nous enseigne
qui fault ses derniers sacremens
    Pathelin
He par saint gigon tu te mens
Gualy te deu couille de lorraine
dieu te mette en bote sepmaine
tu ne vaulx mie vne vielz nat
va sanglante bote sanat
va foutre va sanglant paillart
tu me refais trop le gaillart
Par la mort dieu sa vien ten voire
et baille moy stan grain de poire
car vraiement il le mengera
et par saint george il bura
a ty que veulx tu que ie die
dy biens tu nient de picardie
iaques nient ce sont ebobis
et bona dies sit vobis
magister amantissime
pater reuerendissime
quomodo brulis que noua
parisius non sunt oua
quid petit ille mercator
dicat sibi op trufator

        d.i.

ille qui in lecto iacet
vult ei dare si placet
de oca ad comedendum
si sit bona ad edendum
pete sibi sine mora
     Guillemette
Par mon serment il se mourra
tout parlant coment il la scume
vees vous pas comment il escume
haultement la diuinite
elle sen va son humanite
Or demourray ie poure et lasse
    Le drappier
Il fust bon que ie men allasse
auant quil eust passe le pas
ie doubte quil ne voulsist pas
vous dire a son trespassement
deuant moy si priueement
aucuns secres par auanture
pardonnes moy car ie vous iure
que ie cuidoye par ceste ame
quil eust eu mon drap. a dieu dame
pour dieu quil me soit pardonne
     Guillemette
Le benoist iour vous soit donne
si soit a la poure dolente
    Le drappier
Par saincte marie la gente

ie me tiens plus esbaubely
que oncques.le deable en lieu de sy
a prins mon drap pour moy tenter
benedicite a tenter
ne puist il ia ama personne
et puis quainsi va ie le donne
pour dieu aqui conques la prins
     Guillemette
Auant vous ay ie bien aprins
or sen va il le beau guillaume
dieux quil a dessoulz son heaume
de menues conclusions
moult luy viendra dauisions
par nuyt quant il sera couche
comment il a este mouche
nay ie pas bien fait mon deuoir
     Pathelin
Par le corps bieu a dire veoir
vous y aues tresbien ouure
au moins auons nous recouure
asses drap pour faire des robbes
        d.ii

Le drappier

quoy dea chascun me paist de lobes
chascun men porte mon auoir
et prent ce quil en peust auoir
or suis ie le roy des meschans
mesment les bergiers des champs
me cabusent ores le mien
aqui iay tousiours fait du bien
il ne ma pas pour bien gabbe

il en viendra au pie lasse
par la benoiste couronnee
         Thibault aignelet bergier
dieu vous doint benoiste iournee
et bon vespre monseigneur doulx
         Le drappier
ha estu la truant merdoulx
quel bon varlet: mais a quoy faire
         Le bergier
mais quil ne vous vueille desplaire
ne scay quel vestu de roie
mon bon seigneur tout de roie
qui tenoit vng fouet sans corde
ma dit mais ie ne me recorde
point bien au vray que ce peult estre
il ma parle de vous mon maistre
ie ne scay quelle adiournerie
Quant a moy par saincte marie
ie ny entens ne gros ne gresle
il ma broulle de pesle mesle
de brebis a de releuee
et ma fait vne grant leuee
de vous mon maistre de bouclet
         Le drappier
Se ie ne te scay emboucler
tout maintenant deuant le iuge
ie prie a dieu que le deluge
coure sur moy et la tempeste
iamais tu na someras beste

par ma foy quil ne ten souuienne
tu me rendras quoy quil aduienne
six aulnes dis ie lessemage
de mes bestes et le doumage
que tu mas fait de puis dix ans
   Le bergier
Ne croies pas les mesdisans
mon bon seigneur car par cestame
   Le drappier
Et par la dame que len clame
tu les rendras au samedi
mes six aulnes de drap ie dy
ce que tu as prins sur mes bestes
   Le bergier
quel drap.ha mon seigneur vous estes
ce crop ie courousse daultre chose
par saint leu mon maistre ie nose
riens dire quant ie vous regarde
   Le drappier
Laisse men paix.vaten et garde
ta iournee se bon te semble
   Le bergier
Monseigneur acordons ensemble
pour dieu que ie ne plaide point
   Le drappier
Ha ta besongne est en bon point
vaten.ie nen accorderay
par dieu:ne nen appointeray
quainsi que le iuge fera

a soy chascun me trompera
mesouen se ie ny pouruoye
    Le Bergier
A dieu sire qui vous doint ioye
il fault donc que ie me defende
a il ame sa
    Pathelin
On me pende
sil ne reuient par my la gorge
    Guillemette
Et non fait que bon gre saint george
ce seroit bien au pis venir
    Le Bergier
dieu pst dieu puyst auenir
    Pathelin
Dieu te gart cōpains que te fault
    Le Bergier
On me piquera en de fault
se ie ne vois a ma iournee
monseigneur a de releuee
et si vous plaist vous y viendres
mon douly maistre et me defendres
ma cause car ie ny scay rien
et ie vous paieray tresbien
pourtant se ie suis mal vestu
    Pathelin.
Or viens sa et parles ques tu
ou demandeur ou defendeur
    Le Bergier

Je a faire a ung entendeur
entendes vous bien mon doulx maistre
a qui ie long temps mene paistre
ses brebis et les gardoye
par mon serment ie regardoye
quil me paioit petitement
diray ie tout

Pathelin
Dea seurement
a son conseil doit on tout dire

Le Bergier
Il est vray et verite sire
que ie les y ay assommees
tant que plusieurs se sont pasmees
maintesfois et sont cheues mortes
tant fussent elles saines et fortes
et puis ie luy faisoye entendre
affin quil ne men peust reprendre
quilz mouroient de la clauelee
ha fait il ne soit plus meslee
auecques les aultres: iette la
volentiers fais ie. mais cela
se faisoit par une aultre voie
car par saint iehan ie les mengeoye
qui sauoie bien la maladie
que voules vous que ie vous die
iay cecy tant continue
ien ay assomme et tue
tant quil sen est bien apperceu

et quant il sest trouue deceu
maist dieux il ma fait espier
car on les oyt bien hault crier
entendes vous quant on le fait
or ay ie este prins sur le faict
ie ne le puis iamais nyer
si vous vouldroie bien prier
pour du mien iay asses finance
que nous deux luy baillons lauance
ie scay bien quil a bonne cause
mais vous trouueres bien clause
se voules quil aura mauluaise
    Pathelin
Par ta foy seras tu bien aise
que donras tu se ie renuerse
le droit de ta partie aduerse
et se len ten enuoye assoubz
    Le Bergier
Ie ne vous paieray point en solz
mais en bel or ala couronne
    Pathelin
Donc auras tu ta cause bonne
et fust elle la moitie pire
tant mieulx vault et plus tost lempire
quant ie vueil mon sens appliquer
que tu me orras bien descliquer
Quant il aura fait sa demande
or viens sa et ie te demande
par le saint sanc dieu precieux

tu es asses malicieulx
pour entendre bien la cautelle
comment esse que len tappelle
   Le bergier
Par sainct mor tibault laignelet
   Pathelin
Laignelet maint aigneau de let
luy as rabasse a ton maistre
   Le bergier
Par mon serment il peult bien estre
que ien ay mengie plus de trente
en trois ans
   Pathelin
Ce sont dix de rente
pour tes dez et pour ta chandelle
ie croy que luy bailleray belle
penses tu quil puisse trouuer
sur pies ses fais par qui prouuer
cest le chief de la plaiderie
   Le bergier
Prouuer sire sainte marie
par tous les sainctz de paradis
pour vng il en trouuera dix
qui contre moy deposeront
   Pathelin
Cest vng cas qui fort desront
ton fait. Vecy ce que ie pensoye
ie ne faindre point que ie soye
des tiens ne que ie te veiss oncques

Le Bergier
Ne feres dieux
                    Pathelin
Non rien quelz conques
mais vecy quil esconuiendra
ce tu parles on te prendra
coup a coup aux positions
et en tes cas confessions
sont si tres preiudiciables
et nuysent tant que ce sont deables
pour ce vecy qui fera
ia tost quant on tapellera
pour comparoir en iugement
tu ne respondras nullement
fors bee pour rien que len te die
et sil auient quon te mauldie
en disant. he cornard puant
dieu vous met en mal an truant
vous mocques vous de la iustice
dy bee: ha feray ie il est nice
il cuide parler a ses bestes
mes sil deuoient rompre leurs testes
que aultre mot nysse de ta bouche
garde ten bien
                    Le Begrier
Le fait me touche
ie men garderay vraiement
et le feray bien proprement
ie le vous promet et afferme

Pathelin.
Or ty garde tiens te bien ferme
a moy mesme pour quelque chose
que ie te die ne propose
si ne respondz aultrement
Le Bergier
moy, nennin par mon sacrement
dictes hardiment que ia folle
se ie dy huy aultre parolle
a vous na quelque aultre personne
pour quelque mot que len messonne
fors bee que vous maues aprins
Pathelin
Par saint iehan ainsi sera prins
ton aduersaire par la moe
mais aussi fais que ie me loe
quant ce sera fait de ta paye
Le Bergier
Monseigneur se ie ne vous paye
a vostre mot ne me croies
iamais: mais ie vous pry voies
diligemment a ma besongne
Pathelin
Par nostre dame de boulongne
ie tien que le iuge est asis
car il se siet touiours a six
heures, ou illec enuiron
or bien apres moy nous nyron
nous deux ensemble pas en voie

Le Bergier
Cest bien dit affin quon ne voye
que vous soies mon aduocat
Pathelin
Nostre dame moquin moquat
se tu ne payes largent
Le Bergier
Dieux.a vostre mot vraiement
monseigneur et nen faictes doubte
Pathelin
He dea sil ne pleust il degoute
aumoins autay ie vne epinoche
iauray de luy sil chet en coche
vng escu ou deux pour ma paine
sire dieu vous doint bonne estraine
et ce que vostre cueur desire
Le iuge
Vous soies le bien venu sire
or vous couures.ca prenes place
Pathelin
Dea ie suis bien sauf vostre grace
ie suis yci plus a deliure
Le iuge
Sil ya riens quon se deliure
tantost:affin que ie me lieue
Le drappier
Mon aduocat vient qui acheue
vng peu de chose quil faisoit
monseigneur et si vous plaisoit

e.i

Vous feries bien de la tendre
Le iuge
He dea ie ailleurs a entendre
Se Voftre partie eft prefente
Deliures Vous fans plus datente
et neftes Vous pas demandeur
Le drappier
Si suis

Le iuge
Ou est le defendeur
est il cy present en personne
Le drappier
Ouy. Veez le la qui ne sonne
mot: mais dieu scet quil en pense.
Le iuge
Puis que vous estes en presence
vous deux faictes vostre demande
Le drappier
Decy doncques que luy demande
monseigneur il est verite
que pour dieu et en charite
ie lay nourry en son enfance
et quant ie viz quil eust puissance
daler aux champs pour abregier
ie le fis estre mon bergier
et le mis a garder mes bestes
mais aussi vray comme vous estes
la assis monsigneur le iuge
il en a fait ung tel deluge
de brebis et de mes moutons
que sans faulte
Le iuge
Or escoutons
estoit il point vostre aloue
Pathelin
Voire car sil cestoit ioue
a letenir sans alouer
Le drappier

c.ii.

Je puisse dieu desauouer
se ce nestes vous: vous sans faulte
Le iuge
Coment vous tenes la main haulte
a vous mal au dens maistre pierre
Pathelin
Ouy, elles me font telle guerre
quoncques mais ne senty tel rage
ie nose leuer le visage
pour dieu faictes les proceder
Le iuge
Auant acheues de plaider
sus conclues appertement
Le drappier
Cest il sans aultre vraiement
par la croix ou dieu sestendi
cest a vous a qui ie vendi
six aulnes de drap maistre pierre
Le iuge
Quesse quil dit de drap
Pathelin
Il erre
il cuide a son propos venir
et il ny scet plus aduenir
pour ce quil ne la pas aprins
Le drappier
Pendu soie se aultre la prins
mon drap par la sanglante gorge
Pathelin

Comment le meschant homme forge
de loing pour fournir son libelle
il veult dire est il bien rebelle
que son bergier auoit vendu
la laine ie lay entendu
dont fut fait le drap de ma robbe
comme sil dist quil le desrobe
et quil luy a emble les laines
de ses brebis
    Le drappier
Male sepmaine
menuoye dieu se vous ne laues

    Le iuge
Paix de par le deable vous laues
et ne scaues vous reuenir
a vostre propos sans tenir
la court de telle bauerie
    Pathelin
Je sens mal et fault que ie rie
il est desia si empresse
quil ne scet ou il a laisse
il fault que nous luy reboutons
    Le iuge
Sus reuenons a ces moutons
quen fut il
    Le drappier
Il en print six aulnes
de neuf frans
    Le iuge

Sommes nous beclaunes
ou cornards: ou cuides vous estre
   Pathelin
Par le sang bieu il vous fait paistre
quest il bon homme par sa mine
mais ie los quon examine
vng bien peu sa partie aduerse
   Le iuge
Vous dictes bien il se conuerse
il ne peult quil ne se congnoisse
bien ca dy
   Le bergier
Bee
   Le iuge
Hecy angoisse
quel bee esse cy suys ie chieure
parle amoy
   Le bergier
Bee
   Le iuge
Sanglante fieure
te doint dieu: et te moques tu
   Pathelin
Croies quil est fol ou testu
ou quil cuide estre entre ses bestes
   Le drappier
Or regnie ie bieu se vous nestes
celuy sans aultre qui laues
eu mon drap. ha vous ne scaues

monseigneur par quelle malice
Le iuge
Et taises vous estes vous nice
laisses en paix ceste assessoire
et venons au principal
Le drappier
Voire
monseigneur mais le cas me touche
touteffois par ma foy ma bouche
meshuy ung seul mot nen dira
une aultre fois il en ira
ainsi quil en pourra aller
il le me conuient aualler
sans mascher. or ie disoie
a mon propos comment iauoie
baille six aulnes doy ie dire
mes brebis. ie vous en prie sire
pardonnes moy. ce gentil maistre
mon bergier quant il deuoit estre
aux champs: il me dist que iauroye
six escus dor quant ie vendroie
dis ie de puis trois ans en ca
mon bergier men couuenanca
que loiaument me garderoit
mes brebis et ne my feroit
ne dommage ne villennie
et puis maintenant il me nye
et drap et argent plainement
ha maistre pierre vraiement

ce ribault cy membloit les laines
de mes bestes: et toutes saines
les faisoit mourir et perir
par les assommer et ferir
de gros bastons sur la ceruelle.
quant mon drap fut soubz son esselle
il semist au chemin grant erre
et me dist que ie allasse querre
six escus dor en sa maison
    Le iuge
Il nya ne rime ne raison
en tout quant que vous rafardes
quesse cy vous entrelardes
puis dung puis daultre. somme toute
par le sang bieu ie ny vois goute
il brouille de drap et babille
puis de brebis au coup la quille
chose quil die ne sentretient
    Pathelin
Or ie men fais fort quil retient
au poure bergier son salaire
    Le drappier
Par dieu vous en peussies bien taire
mon drap aussi vray que la messe
ie scay mieulx ou le bas men blesse
que vous ne ung aultre ne scaues
par la teste dieu vous laues
    Le iuge
Quesse quil a

                    Le drappier
Rien monseigneur
par mon serment cest le grigneur
trompeur. hola ie men tairay
se ie puis et nen parleray
meshuy pour chose quil aduienne
                    Le iuge
Et non: mais quil vous en souuienne
or conclues appertement
                    Pathelin
Le bergier ne peult nullement
respondre au fais que len propose
sil na du conseil et il nose
ou il ne scet en demander
si vous plaisoit moy commander
que ie fusse a luy ie y seroye
                    Le iuge
Auecques luy ie cuideroye
que ce fust trestoute froidure
cest peu daquest
                    Pathelin
Moy ie vous iure
quaussi nen vueil riens auoir
pour dieu soit. or ie vois sauoir
au pouret quil me vouldra dire
et sil me scaura point instruire
Pour respondre aux faitz de partie
il auroit dure partie
de cecy qui ne le secourroit

Dien ca mon amy: qui pourroit
trouuer en tens
                    Le bergier
Bee
                    Pathelin
Quel bee dea
par le sainct sang que dieu rea
es tu fol: dy moy ton affaire
                    Le bergier
Bee
                    Pathelin
Quel bee oys tu tes brebis braire
cest pour ton proffit entendz y
                    Le bergier
Bee
                    Pathelin.
Et dy ouy ou nenny
cest bien fait dy tousiours feras
                    Le bergier
Bee
                    Pathelin
Plus hault ou tu ten trouueras
en grans despens et ie men doubte
                    Le bergier
Bee
                    Pathelin
Or est il plus fol qui boute
tel fol naturel en proces
ha sire renuoyes len a ses

brebis: il est fol de nature
    Le drappier
Est il fol saint sauueur desture
il est plus saige que vous nestes
    Pathelin
Enuoies le garder ses bestes
sans iour que iamais ne retourne
que mauldit soit il qui a iourne
telz folz ne ne fait aiourner
    Le drappier
Et len fera len retourner
auant que ie puisse estre ouy
    Le iuge
Maist dieu puis quil est fol ouy
pour quoy ne fera
    Le drappier
He dea sire
au mains laisses moy auant dire
et faire mes conclusions
ce ne sont pas abusions
que ie vous dy ne moqueries
    Le iuge
Ce sont toutes tribouilleries
que de plaider a folz ne a folles
escoutes. a mains de parolles
la court nen sera plus tenue
    Le drappier
Sen pront ilz sans retenue
de plus reuenir

Le iuge
Et quoy doncques
Pathelin
Reuenir. Vous ne veistes oncques
plus fol n'en faictes neant responſe
et ſi ne vault pas mieulx vne once
lautre: tous deux ſont folz ſans ceruelle
par ſaincte marie la belle
eulx deux n'en ont pas vng quarat
Le drappier
Vous l'emportaſtes par barat
mon drap, ſans paier, maiſtre pierre
par la char bieu moy, las pierre
ce ne fut pas fait de predomme
Pathelin
Or ie regnie ſainct pierre de romme
ſ'il n'eſt fin fol ou il a folle
Le drappier
Je vous congnois a la parolle
et a la robe et au viſaige
ie ne ſuis pas fol ie ſuis ſage
pour congnoiſtre qui bien me fait
ie vous compteray tout le fait
monſeigneur par ma conſcience
Pathelin
Hee ſire impoſes leur ſilence
n'a vous honte de tant debatre
a ce bergier pour trois ou quattre
veilz brebiailles ou moutons

qui ne valent pas deux boutons
il en fait plus grant lyrielle
Le drappier
Quelz moutons cest vne biele
cest a vous mesme que ie parle
et vous me le rendres par le
dieu qui voult a noel estre ne
Le iuge
Dees vous suis ie bien assene
il ne cessera huy de braire
Le drappier
Ie luy demande
Pathelin
Faictes le taire
et par dieu cest trop flageolle
prenons quil ait affolle
si vou sept ou vne douzaine
et menges en sanglante estraine
vous en estes bien meshaigne
vous aues plus que tant gaigne
au temps quil les vous a gardes
Le drappier
Regardes sire regardes
ie luy parle de drapperie
et il respont de bergerie
six aulnes de drap ou sont elles
que vous mistes soubz vous esselles
penses vous point de les moy rendre
Pathelin

Ha sire le feres vous pendre
pour six ou sept bestes a laine
au mains reprenes vostre alaine
ne soies pas rigoureux
au poure bergier douloreux
qui est aussi nu comme ung ver
    Le drappier
Cest tresbien retourne le ver
le deable me fist bien vendeur
de drap a ung tel entendeur
dea monseigneur ie luy demande
    Le iuge
Ie l'assolz de vostre demande
et vous deffendz le proceder
cest ung bel honneur de plaider
a ung fol: vaten a tes bestes
    Le bergier
Bee
    Le iuge
Vous monstres bien qui vous estes
sire par le sang nostre dame
    Le drappier
He dea monseigneur bon gre m'ame
ie luy vueil
    Pathelin
Sen pourroit il taire
    Le drappier
Et cest a vous que iay a faire
Vous maues trompe faulsement

et emporte furtiuement
mon drap par voſtre beau langage
    Pathelin
Jen appelle en mon courage
Et vous ſoyez bien monſeigneur
    Le drappier
Maiſt dieu vous eſtes le grigneur
trompeur:monſeigneur que ie die
    Le iuge
Ceſt vne droicte cornardie
que de vous deux ce neſt que noiſe
maiſt dieu ie los que ie men voiſe
Vaten mon amy ne retourne
iamais pour ſergent qui taiourne
la court ta ſoult entens tu bien
    Pathelin
Dy grans merci
    Le bergier
Bee
    Le iuge
Dis ie bien
Vaten ne te chault autant vaille
    Le drappier
Eſſe raiſon quil ſen aille
Ainſi
    Le iuge
Ay.iay afaire ailleurs
Vous eſtes par trop grant railleurs
Vous ne my feres plus tenir.
     f.ii.

ie men vois voules vous venir
souper auec moy maistre pierre
    Pathelin
Je ne puis
    Le drappier
Ha ques tu fort lierre
Dictes seray ie point paye
    Pathelin
De quoy estes vous desuoye
mais qui cuides vous que ie soye
par le sang de moy ie pensoye
pour qui cest que vous me prenes
    Le drappier
Bee dea
    Pathelin
Beau sire or vous tenes
ie vous diray sans plus attendre
pour qui vous me cuides prendre
est ce point pour essetuelle
hoy nennin il nest point pese
comme ie suis dessus la teste
    Le drappier
Me voules vous tenir pour beste
cestes vous en propre personne
vous de vous vostre voix le sonne
et ne se croies aultrement
    Pathelin
Moy de moy non suis vraiement
ostes en vostre opinion

seroit ce point iehan de noyon
il me resemble de corsage
    Le drappier
He deable il na pas visaige
ainsi potatif ne si fade
ne vous laisse ie pas malade
orains dedens vostre maison
    Pathelin
Ha que vecy bonne raison
malade.et quel maladie
confesses vostre cornadie
maintenant est elle bien clere
    Le drappier
Cestes vous ou regnie saint pierre
vous sans aultre ie le scay bien
pour tout drap
    Pathelin
car certes ce ne suis ie mie
De vous oncq aulne ne demie
ne prins:ie ne pas le lostel
    Le drappier
Ha ie vois veoir en vostre hostel
par le sang bieu se vous y estes
nous nen debatrons plus nos testes
ycy se vous treuue la
    Pathelin
Par nostre dame cest cela
par ce point se scautes vous bien
dy aignelet
       f.iii.

Le Bergier

Bee

Pathelin

Vien ça vien
ta besongne est elle bien faicte

Le Bergier

Bee

Pathelin.
Ta partie est retraicte
ne dy plus Bee il n'y a force
luy ay je baillee belle estorse
t'ay je point conseille a point

Le Bergier
Bee

Pathelin
He dea on ne te orra point
Parle hardiment ne te chaille

Le Bergier
Bee

Pathelin
Il est temps que je m'en aille
paye moy

Le Bergier
Bee

Pathelin
A dire Veoir
tu as tresbien fait ton debuoir
et aussi tresbonne contenance
ce qui luy a baille l'auance
c'est que tu t'es tenu de rire

Le Bergier.
Bee

Pathelin
Quel bee il ne le fault plus dire
paye moy bien et doulcement

Le Bergier

Bee

   Pathelin

Quel bee parle saigement
et me paye si men pray.

   Le bergier

Bee

   Pathelin

Scez tu quoy ie te diray
ie te pry sans plus mabaier
que tu penses de moy payer
ie ne vueil plus de ta baierie
paye tost

   Le bergier

Bee

   Pathelin

Esse mocquerie
esse quant que tu en feras
par mon serment tu me paieras
entens tu se tu ne ten voles
sa argent

   Le bergier

Bee

   Pathelin

Tu te rigolles
comment nen auray ie aultre chose

   Le bergier

Bee

   Pathelin

Tu fais le rimeur en prose

et a qui vends tu tes coquilles
scez tu quil est: ne me babilles
meshuy de ton bee et me paye
    Le bergier
Bee
    Pathelin
Nen auray ie aultre monnoye
a qui te cuides tu iouer
ie me deuoie tant louer
de toy: or fais que ie men loe
    Le bergier
Bee
    Pathelin
me fais tu mengier de loe
maugre bieu ay ie tant vescu
que vng bergier vng mouton vestu
vng villain paillart me rigolle
    Le bergier
Bee
    Pathelin.
Nen auray ie aultre parolle
se tu le fais pour toy esbatre
sy le ne men fays plus debatre
vien ten soupper a ma maison
    Le bergier
Bee
    Pathelin
Par saint iehan tu as raison

les oisons mainnent les oes paistre
or cuidoye estre sur tous maistre
de trompeurs dicy et dailleurs
des fort coureux et des bailleurs,
de parolles en payement
a rendre au iour du iugement
et ung bergier des champs me passe
par saint iaques se ie trouuasse
ung bon sergent ie te fisse prendre
    Le Bergier
Bee
   Pathelin
Heu bee len me puisse pendre
se ie ne vois faire venir
ung bon sergent: mesaduenir
luy puisse il, sil ne ten prisonne
    Le Bergier
Sil me treuue ie luy pardonne

   Explicit

www.ingramcontent.com/pod-product-compliance
Lightning Source LLC
LaVergne TN
LVHW020942090426
835512LV00009B/1680